VIAJES
POR AGUA

CHRIS OXLADE

DESCUBRE
TU MUNDO

STAMPLEY

Cómo usar este libro

Referencias cruzadas
Busca las páginas que se citan en la parte superior de las páginas de la izquierda para saber más de cada tema.

Haz la prueba
Estas burbujas te permiten poner en práctica algunas de las ideas de este libro. Así podrás comprobar si esas ideas funcionan.

Rincón bilingüe
Aquí encontrarás las palabras clave de cada tema, así como frases y preguntas relacionadas con el mismo. ¿Puedes contestar las preguntas? Verás también las **palabras clave en inglés**, junto con su **pronunciación inglesa**. Practica en inglés las palabras que aparecen en negrita dentro de las frases y preguntas.

Curiosidades
En este apartado encontrarás datos de interés sobre otros asuntos relacionados con el tema.

Glosario
Las palabras de difícil significado se explican en el glosario que encontrarás al final del libro. Estas palabras aparecen en negritas a lo largo de todo el texto.

Índice
Al final del libro encontrarás el índice, que relaciona por orden alfabético la mayoría de las palabras que aparecen en el texto. Localiza en el índice la palabra de tu interés y ¡verás en qué página aparece la palabra!

Contenido

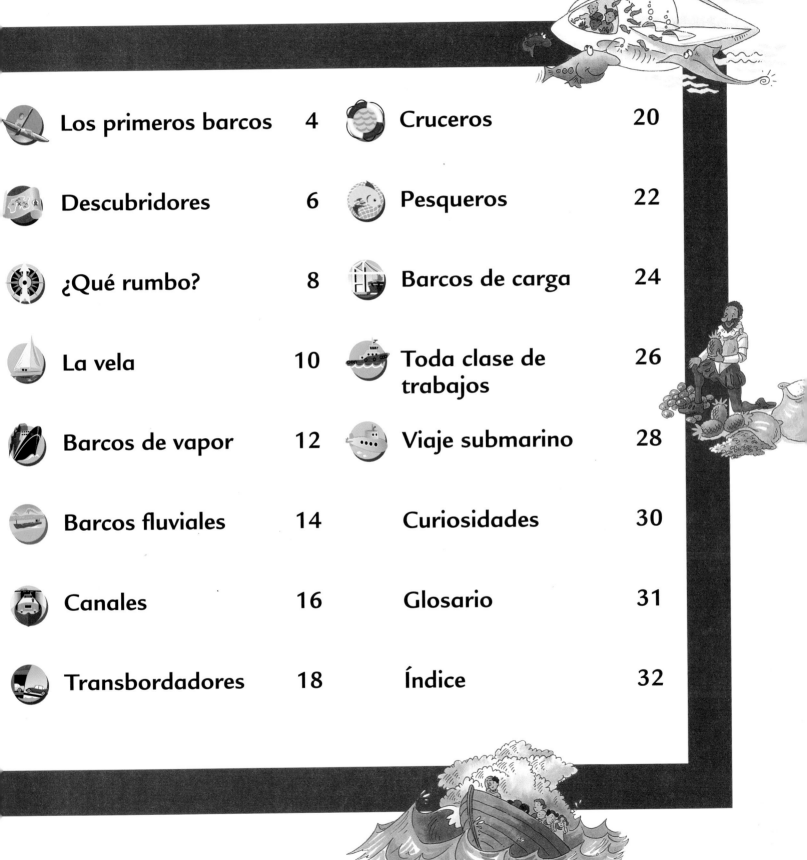

Los primeros barcos

La navegación comenzó hace miles de años, mucho antes de la invención de la rueda. Es probable que el primer transporte acuático fuera un tronco flotante. Más tarde, se construyeron balsas o plataformas flotantes para la pesca y la exploración de costas y ríos. Después, surgieron los primeros barcos, que eran troncos vaciados.

Juncos y pieles

El ser humano ha construido siempre los barcos con los materiales disponibles en el entorno. Los antiguos egipcios los armaban con juncos que crecen a orillas del río Nilo. Los inuit, en el Ártico, los fabricaban recubriendo con piel de foca un marco de madera.

HAZ LA PRUEBA

Comprueba que la forma hueca de un barco hace que éste flote. Forma una esfera con plastilina y sumérgela en agua; verás que se hunde de inmediato. Luego, a otro trozo de plastilina dale forma de caparazón hueco: la plastilina flota fácilmente en la superficie.

▲ Igual que hace miles de años, los pobladores del lago Titicaca, en Perú, fabrican sus barcos con haces de juncos.

▶ El birreme era el buque de guerra de los griegos. Se desplazaba veloz en largas distancias.

*Con un agudo espolón al frente, o **proa**, embestían y horadaban las naves enemigas.*

El movimiento

La gente impulsaba los primeros barcos por medio de **remos**. Hace unos 5,000 años, los egipcios fueron los primeros en usar la **vela** para navegar. Ésta se sostenía a un largo **mástil** en el centro del barco. El viento hacía presión sobre la **vela** tendida y así impulsaba al barco.

Guerreros veloces

Griegos, romanos y egipcios usaban largos barcos de guerra. En el birreme griego, más de 50 hombres movían largos **remos** para impulsar la nave.

Cuando soplaba el viento, tendían una gran vela para imprimir más potencia a la nave.

*Dos remeros timoneaban el barco desde la parte posterior o **popa**.*

Rincón Bilingüe

balsa · raft · *raft*
barcos · boats · *bóuts*
birreme · birreme · *báirim*
junco · reed · *rid*
popa · stern · *stern*
proa · bow · *báu*
remos · oars · *ors*

La **proa** está al frente de los **barcos**.
¿Qué es una **balsa**?
¿Para qué sirven los **remos**?

véase: ¿Qué rumbo?, pág. 8; La vela, pág. 10

Descubridores

El ser humano ha explorado casi todo el mundo en distintas clases de navíos. Hace siglos, los árabes recorrieron en simples veleros los ríos de África. Más tarde, navegantes que llegaron al polo Norte y al polo Sur construyeron sólidos barcos para navegar por aguas heladas y turbulentas.

Época de descubrimientos
Así se conoce a la etapa, hace 500 años, en que navegantes europeos emprendieron largas travesías para descubrir nuevas tierras.

Los barcos navegaban en grupos o **flotas**, dirigidas por un barco pequeño y rápido, la carabela, que era utilizada para explorar las costas.

▶ En 1492, el navegante Cristóbal Colón atravesó el Atlántico. Una carabela como ésta guiaba la **flota**.

Un marinero trepaba a la torre o cofa de vigía para divisar tierra u otros barcos.

*En la carabela, el **casco** o parte principal que queda bajo el agua, era de madera.*

Largas travesías

Hasta la época de los descubrimientos, los europeos desconocían qué había al otro lado del Atlántico. Colón cruzó el océano en busca de una ruta más corta a la India. No llegó a la India, pero descubrió América. Treinta años después, un navegante portugués, de nombre Magallanes, dio la primera vuelta al mundo.

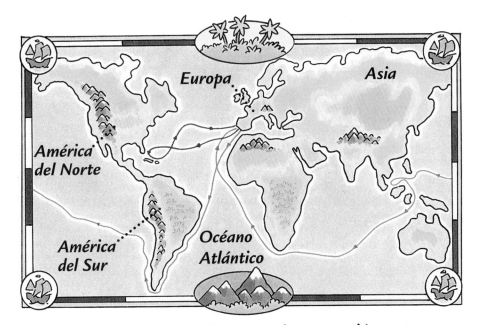

▲ Mapa de las rutas de navegación que siguieron Colón (rojo) y Magallanes (verde).

Grandes velas cuadradas impulsaban el barco.

CURIOSIDADES

Los europeos no conocían la piña, la papa ni el cacahuate hasta que los descubridores los llevaron de América.

Rincón Bilingüe

África · Africa · *áfrica*
Asia · Asia · *éisha*
Colón · Columbus · *colombos*
cuadrada · square · *scuér*
descubridores · discoverers · *discóverers*

Europa · Europe · *iúrop*
flota · fleet · *flit*
primera (o) · first · *ferst*
verde · green · *grin*

¿Quién dio la **primera** vuelta al mundo?
Nombra dos **descubridores**.

véase: Descubridores, pág. 6

¿Qué rumbo?

Son pocas las señales en el mar que sirven a los marinos para orientarse. Antiguamente, usaban las nubes y las estrellas como guía. ¡Algunos marinos incluso sabían si estaban próximos a tierra probando el sabor del agua! Hoy, estudian los mapas y usan equipo electrónico para conocer su posición.

▶ De noche, en las tormentas, el faro ilumina y hace sonar su sirena para advertir del peligro.

Mapas de navegación

Antes, cuando los descubridores salían a la mar, trazaban mapas de las costas que descubrían. Hoy, los capitanes de barco todavía usan estos mapas de navegación o cartas náuticas para planear la ruta. Los mapas señalan las costas y los **escollos**, como rocas o arrecifes.

Cambio de dirección

Los barcos se dirigen por medio del timón, una pieza plana en forma de aleta. El timón se encuentra en la **popa** y se articula a la derecha o a la izquierda para cambiar de dirección.

El timón apunta a la derecha y el barco gira en esa dirección.

El timón está recto y el barco navega en línea recta.

El timón apunta a la izquierda y el barco gira a la izquierda.

timón

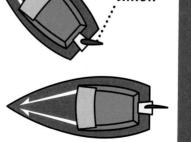

En el puente

Hoy, el timonel maneja el barco desde el **puente** donde tiene buena visibilidad. Los buques pequeños se manejan desde la **popa** mediante una palanca larga, llamada caña, encajada en el timón.

◄ **Los barcos grandes tienen una rueda para manejar el timón, la cual está conectada a éste.**

Equipo electrónico

Los marinos usan el sistema global de posicionamiento (GPS –del inglés, *Global Positioning System*), para no perder el rumbo, y el **radar** para detectar el peligro. Con ayuda de los satélites artificiales, el GPS permite conocer la posición y el rumbo. El **radar** evita que el barco encalle en la arena o choque contra otro barco, y es muy útil cuando hay poca visibilidad.

Rincón Bilingüe

cartas náuticas · sea charts · *si charts*
derecha · right · *ráit*
faro · lighthouse · *láit jáus*
izquierda · left · *left*
posición · position · *posíchon*
radar · radar · *réidar*
timón · rudder · *róder*

¿Para qué sirven las **cartas náuticas**?
El **timón** determina la dirección de los barcos.
¿Para qué sirve el **radar**?

véase: Descubridores, pág. 6; Barcos fluviales, pág. 14

La vela

La fuerza del viento impulsa a los barcos de **vela**. Los primeros veleros tenían **velas** cuadradas y navegaban sólo en la dirección en que soplaba el viento. Más tarde, se descubrió que las **velas** triangulares permitían navegar en casi cualquier dirección. Los veleros se usaban para transportar mercancías y personas por ríos y mares. Hoy, se usan como barcos de recreo.

▲ El junco es un pequeño barco carguero usado en China desde hace siglos. Sus **velas** se tensan mediante cañas de bambú.

CURIOSIDADES

La forma más simple de navegar es el *surf* de **vela**, uno de los deportes acuáticos más nuevos. El surfista, sobre la tabla, maneja moviendo la **vela** para recibir la fuerza del viento.

Viraje

El barco de **vela** puede navegar en casi cualquier dirección, excepto contra el viento. Para ir contra el viento, los marinos manejan el barco en zigzag. Esta maniobra se llama viraje.

dirección del barco   *dirección del viento*

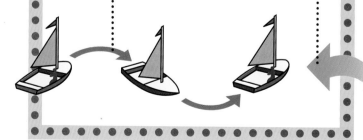

Regatas

Mucha gente es aficionada a las regatas. Algunos manejan lanchas, que son pequeñas embarcaciones aptas para regatas en lagos y cerca de la costa. Los yates son mayores y tienen más de un nivel o **cubierta**. Los yates pueden navegar por todo el mundo.

Rincón Bilingüe

cubierta · deck · *dek*
deporte acuático · water sport · *uóter sport*
dirección · direction · *dairékchon*
junco · junk · *llonk*
tabla · board · *bord*
velas · sails · *séils*
viento · wind · *uínd*

Las **velas** triangulares son muy eficientes.
¿En qué país hay muchos **juncos**?
El **viento** mueve los barcos de **vela**.

◀ Estos marinos han desplegado una gran vela, llamada balón, para que el yate sea más veloz.

véase: Cruceros, pág. 20

Barcos de vapor

Los barcos de vapor son muy veloces, pero sólo cuando el viento los empuja. Hace dos siglos, los buques de vapor se construían con **motores** de vapor y **velas**. El **motor** quemaba carbón y propulsaba el barco cuando no soplaba el viento o cuando éste soplaba en dirección contraria.

▼ La gente celebraba en el **puerto** la primera salida al mar de un trasatlántico.

El vapor de los **motores** *salía por enormes chimeneas.....*

La rueda de paletas va fija a los lados del buque.

La fuerza del vapor

En los primeros buques de vapor, los **motores** impulsaban enormes ruedas de paletas. Al girar las ruedas, las palas ejercían presión contra el agua y el barco avanzaba.

La hélice gira debajo de la **popa** *del buque.*

Más tarde la hélice sustituyó a la rueda de paletas en la aplicación de la fuerza motriz. La hélice gira bajo el agua, propulsando el barco; es más segura y más rápida que la rueda de paletas.

Grandes trasatlánticos

Hacia 1900, los buques de vapor se construían con hélice y sin **velas**, y eran de acero, en lugar de madera o hierro. Siendo de acero, podían ser más grandes y soportar mayor **carga**. Algunos eran lujosos trasatlánticos que, cargados de pasajeros, cruzaban el Atlántico.

Muchas cabinas tenían ventanas redondas o portillas.

*Si no había espacio para amarrar el barco al muelle se echaba el **ancla** al mar para que, agarrada al fondo, sujetara la nave.*

▲ **Barcos de vapor con paletas navegan aún por el Mississippi, en Estados Unidos. Esta rueda va en la popa.**

Motores modernos
Hoy, casi todos los grandes buques tienen **motores** propulsados por diesel, un tipo de aceite. Éstos son más baratos y fáciles de usar que los de vapor.

Rincón Bilingüe

anclas · anchors · *áncors*
barco de vapor · steamship · *stim-ship*
chimenea · funnel · *fónel*
paleta · paddle · *padl*
portilla · porthole · *port-jóul*
trasatlánticos · liners · *láiners*
ventana · window · *uíndou*

Los **trasatlánticos** no se impulsan con velas. El vapor de los motores sale por la **chimenea**. ¿Qué uso tienen las **anclas**?

véase: Canales, pág. 16

Barcos fluviales

Los ríos corren desde colinas y montañas hasta el mar. Hasta que se construyeron las carreteras, los ríos eran la principal vía entre poblaciones. Se transportaban por río toda clase de mercancías. Hoy, se transporta más **carga** por carretera o por ferrocarril que por río.

Kayaks

Los inuit del Ártico fueron los primeros en construir embarcaciones estrechas, rápidas y con casco cubierto, con el fin de que el barco no se inundara en aguas turbulentas. El kayak lo usaban para cargar mercancías y para pescar. Hoy se usa en todas partes como diversión y recreo en los ríos con rápidos.

▼ **El kayak es puntiagudo y largo; así puede avanzar en el agua a gran velocidad.**

▲ Los faluchos se usan en Egipto como pesqueros y para viajes turísticos por el Nilo. Sus altas **velas** blancas van amarradas a largos mástiles de madera.

*Un **remo** de pala plana en cada lado sirve para manejar el kayak.*

En Alemania, **barcazas** de río transportan **carga** entre ciudades por el río Rhin.

Transporte de carga

Las **barcazas**, largas y planas, transportan **carga** por ríos muy transitados y por ríos estrechos. En ríos anchos, pequeños botes empujan enormes plataformas flotantes cuya **carga** es carbón y materiales de construcción.

La embarcación indicada

Algunos ríos son más rápidos y estrechos que otros, por lo que hay muchos tipos de barco fluvial. El kayak es de material ligero y resistente, adecuado para ríos con rápidos. El río Amazonas, en América del Sur, es tan ancho y profundo que un trasatlántico puede navegar por él.

Rincón Bilingüe

Alemania · Germany · *llérmani*
América del Sur · South América · *sáuz américa*
ancho · wide · *uáid*
estrecho · narrow · *nárou*
kayak · kayak · *káyac*
largo · long · *long*
mástil · mast · *mast*

¿En qué río encontrarías faluchos?
Nombra un río **ancho** de **América del Sur**.
¿Qué equipo te protegería en un **kayak**?

véase: Barcos fluviales, pág. 14

Canales

El canal es una vía acuática excavada en tierra firme. Hay dos clases de canales: fluviales y marítimos. Los fluviales se construyen para el transporte de **carga** dentro de un país; embarcaciones largas y estrechas, llamadas **barcazas**, recorren estos canales. Los canales marítimos unen mares u océanos, acortando distancias para los buques.

▲ Antiguas **barcazas** se han adaptado como viviendas o sitio de recreo para la gente.

CURIOSIDADES

La ciudad de Venecia, en la costa de Italia, tiene canales en lugar de calles y los venecianos usan barcos llamados góndolas, en lugar de autos. La presencia de góndolas es común en los canales.

La esclusa

Los barcos usan las esclusas de un canal para subir y bajar en desniveles del terreno. Las esclusas son como escalones que elevan o bajan a los barcos de un nivel del canal a otro.

compuertas

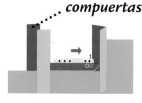

1. El barco entra en la esclusa más baja; las compuertas traseras se cierran.

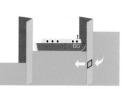

2. Una abertura en las compuertas del frente deja entrar el agua: su nivel sube.

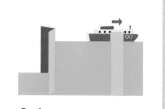

3. Las compuertas delanteras se abren. El barco sube de nivel.

▶ En Grecia, grandes buques navegan por el canal de Corinto entre el Mar Egeo y el Mediterráneo.

Unión de océanos

El canal de Panamá, en América Central, une los océanos Atlántico y Pacífico, de modo que los barcos pasan fácilmente de un océano a otro. Antes de su inauguración en 1914, los barcos tenían que bordear en medio de tormentas el extremo de América del Sur.

▼ El canal de Panamá volvió mucho más cortos los viajes de una costa de América a la otra.

Océano Pacífico   América del Norte

Océano Atlántico

ruta a través del canal de Panamá

América del Sur

ruta antes de construir el canal de Panamá

Rincón Bilingüe

América Central · Central America · *séntral américa*
América del Norte · North America · *norz américa*
canales · canals · *canáls*   **esclusas** · locks · *locs*
Océano Atlántico · Atlantic Ocean · *atlántic óshean*
Océano Pacífico · Pacific Ocean · *pácific óshean*

¿Puedes explicar cómo funcionan las **esclusas**?
En Venecia hay **canales** en vez de calles.

Transbordadores

Este tipo de embarcación transporta pasajeros, autos y camiones a través de una extensión de agua. Se desplazan, como los autobuses o los trenes, siguiendo cada día la misma ruta y horario. Los más modernos son enormes barcos que transportan a diario cientos de pasajeros y **vehículos**.

▶ En este **transbordador**, los **vehículos** entran por un extremo y, después de la travesía, salen por el otro extremo.

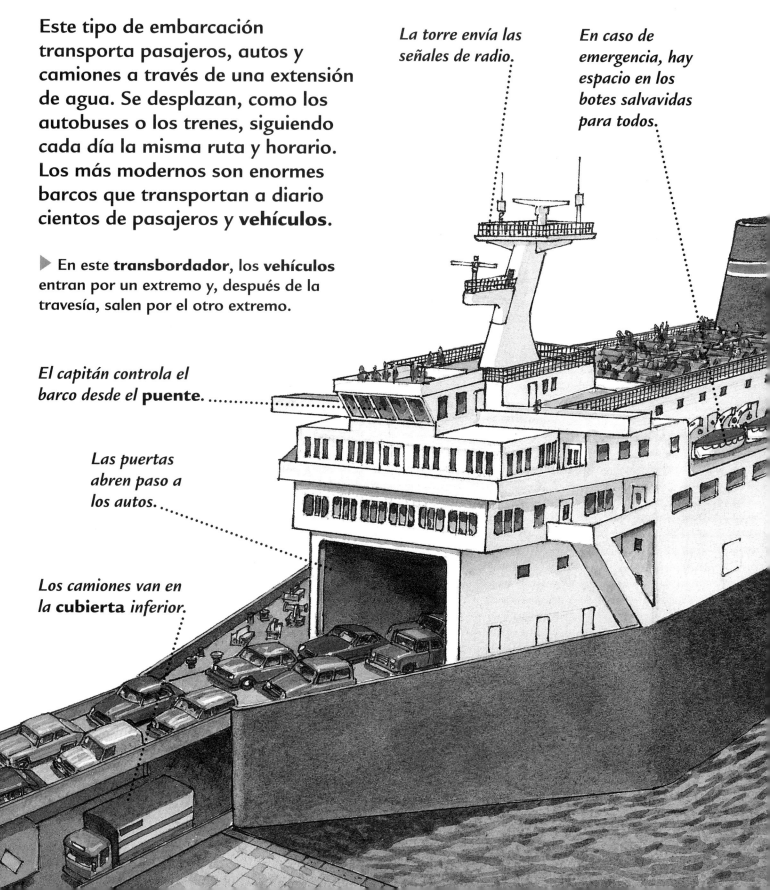

La torre envía las señales de radio.

En caso de emergencia, hay espacio en los botes salvavidas para todos.

*El capitán controla el barco desde el **puente**.*

Las puertas abren paso a los autos.

*Los camiones van en la **cubierta** inferior.*

Flota en el aire

El aerodeslizador es un **transbordador** que se desplaza sobre un colchón de aire. Grandes ventiladores arrojan aire a la base de caucho de la nave, que tiene forma de falda. Ésta forma un colchón de aire que eleva a la nave por encima del agua. Unas hélices dirigen la nave y la impulsan.

◀ **El aerodeslizador se desplaza a ras de tierra y del agua.**

Transbordadores veloces

Los catamaranes son **transbordadores** rápidos. Constan de dos cascos estrechos en lugar de uno ancho, que mantienen la estabilidad de la nave y ésta puede desplazarse a gran velocidad. **Motores** subacuáticos impulsan al catamarán y lo dirigen.

▲ **El catamarán se desplaza al doble de la velocidad de un transbordador, pero no transporta tantos vehículos.**

Rincón Bilingüe

aerodeslizador · hovercraft · *jóver-craft*
capitán · captain · *cáptan*   **moderno** · modern · *módern*
enorme · huge · *jiúll*   **transbordador** · ferry · *féri*
estabilidad · stability · *stabílity* **vehículos** · vehicles · *víjicls*
horario · timetable · *táim-téibl*   **ventilador** · fan · *fan*

Un **transbordador** puede llevar cientos de **vehículos**.
¿Has visto alguna vez un **aerodeslizador**?

véase: Barcos de vapor, pág. 12

Cruceros

Los cruceros son enormes hoteles flotantes. Las personas disfrutan de un agradable esparcimiento a bordo mientras el buque navega entre islas tropicales, por ríos, o por mares. Durante la travesía, el buque se detiene en **puertos** y lugares de interés. Mientras navega, los pasajeros descansan y se divierten.

▼ Un crucero moderno transporta más de 2,000 pasajeros que pueden trasladarse en elevadores de una **cubierta** a otra.

Los pasajeros pueden zambullirse en la alberca.

*Las personas juegan deporte en **cubierta**.*

Restaurantes sirven alimentos y bebidas.

CURIOSIDADES

Todo buque lleva botes salvavidas suficientes a bordo. Esta norma se convirtió en ley cuando el *Titanic* se hundió en 1912. Se creía que el *Titanic* no podía hundirse, y no llevaba suficientes salvavidas. Gran parte de los sobrevivientes fueron mujeres y niños, pues fueron los primeros en ser llevados a los botes.

En las tiendas, se vende ropa, libros y regalos.

Entretenimiento

Es difícil aburrirse en un crucero. De día, los pasajeros practican deporte y toman el sol. Hay también un área de juegos para niños. En la noche, ven las películas más recientes o van a bailar a la "disco".

Rincón Bilingüe

alberca · swimming pool · *suíming pul*
barcos salvavidas · lifeboats · *láif-bóuts*
cocinero · cook · *cuc*   isla · island · *áiland*
cruceros · cruises · *crúses*   película · film · *film*
ingeniero · engineer · *enllenier*   travesía · voyage · *vóllach*

Los **cruceros** son muy divertidos.
¿Por qué son importantes los **barcos salvavidas**?

En el gimnasio, los pasajeros se mantienen en forma.

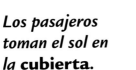

*Los pasajeros toman el sol en la **cubierta**.*

Abastecimiento

Los pasajeros no son las únicas personas en un crucero. En él trabaja una **tripulación** de unas 1,000 personas, entre ingenieros, personal de limpieza y cocineros. Durante la travesía no es posible abastecer el barco, de modo que, en cada **puerto**, los cocineros surten la cocina con toda clase de víveres.

*La **proa** puntiaguda permite que el barco corte las olas.*

:En cómodas cabinas se contempla el mar.

:En el teatro, se asiste a espectáculos y conciertos.

véase: Los primeros barcos, pág. 4; Barcos fluviales, pág. 14

Pesqueros

Las primeras embarcaciones eran simples botes de **remos** que probablemente se construyeron para la pesca. Barcos similares a éstos se usan hoy todavía. En aguas profundas y agitadas se usan grandes barcos modernos o jabeques, adecuados para grandes cantidades, o bancos, de peces.

Jabeques

Casi todo el pescado que se vende en mercados y pescaderías se pesca en jabeques. Éstos usan equipo especial para detectar bancos de peces. Al acercarse a los peces, bajan una gran red al mar, en la parte trasera del jabeque. Éste avanza, recogiendo en su red la pesca.

▼ En los pequeños jabeques, los pescadores seleccionan la captura y limpian las redes.

▼ **La pesca es una importante industria para las poblaciones costeras y da trabajo a la gente de la zona.**

Fábrica a bordo

En los grandes pesqueros hay máquinas que limpian y congelan en bloques el pescado. Los bloques se almacenan en un gran congelador hasta que el barco regresa a la costa.

Peces en extinción

En algunas partes del mundo, la gente ha capturado demasiados peces y difícilmente quedan ya algunos. Ahora, los países tratan de detener la pesca excesiva limitando la cantidad de captura. Las redes deben tener agujeros grandes para que los peces jóvenes puedan escapar.

Rincón Bilingüe

captura · catch · *catch*
congelador · freezer · *frízer*
costera · coastal · *cóustal*
importante · important · *impórtant*
pesqueros · fishing boats · *físhing bóuts*

hoy · today · *tudéi*
jabeque · trawler · *tróuler*
redes · nets · *nets*

Los grandes **pesqueros** congelan su **captura**.
¿Cómo deben ser las **redes** de los **pesqueros**?

véase: Canales, pág. 16; Toda clase de trabajos, pág. 26

Barcos de carga

Los cargueros son enormes buques que transportan grandes cantidades de mercancías. Algunos sólo llevan un tipo de **carga**, como petróleo o granos, y otros, distintas cargas, en contenedores o en compartimentos separados en el casco. La **carga** se acomoda con gran cuidado para que el barco guarde el equilibrio y no se vuelque.

Marcas Plimsoll
La línea Plimsoll que se pinta en el casco de un barco señala hasta dónde puede hundirse éste una vez está completamente cargado. Cuando la línea coincide con el nivel del agua ya no puede añadirse más **carga**.

barco vacío   *barco lleno*

Pilas de cajas
Los barcos contenedores son almacenes flotantes que transportan mercancía en grandes cajas de metal llamadas también contenedores. Éstos son más grandes que un automóvil, y un barco grande puede cargar más de mil. Para cargarlos, uno encima de otro, se usan grúas enormes.

Los muelles
Gran parte de la mercancía que recibimos de otros países se transporta en buques cargueros. Éstos llegan al **muelle** donde las grúas descargan los contenedores en ferrocarriles y camiones. Luego, se entregan a fábricas y almacenes por tren o carretera.

▶ Este **muelle**, en Canadá, tiene varias grúas que, al mismo tiempo, cargan los barcos.

Algunos barcos de **carga** son tan grandes que toma cinco minutos recorrerlos de **proa** a **popa**. Para ahorrar tiempo, la **tripulación** usa bicicleta.

El transporte de petróleo

Los buques petroleros son los cargueros más grandes. Pueden tener la longitud equivalente a cinco campos de fútbol; llenos pesan tanto como 100,000 elefantes.

▲ A veces, un buque petrolero choca contra las rocas y se derrama la **carga**. El petróleo se extiende y la fauna muere.

Rincón Bilingüe

almacenes · warehouses · *uér-jáuses*
buque petrolero · oil tanker · *óil tánquer*
casco · hull · *jol*
contenedor · container · *contéiner*
grúas · cranes · *créins*
línea · line · *láin*
muelles · docks · *docs*

¿Por qué se usan **grúas** para cargar barcos?
Los **muelles** son lugares de mucha actividad.
¿Qué indica la **línea** Plimsoll?

véase: Barcos de carga, pág. 24

Toda clase de trabajos

Algunos barcos no son cargueros ni cruceros; tampoco son pesqueros, sino que realizan otros trabajos. El remolcador dirige la entrada de los grandes buques a puerto, mientras que los salvavidas rescatan del mar a las víctimas de un naufragio. Incluso hay aeropuertos flotantes o portaaviones usados por la **marina**.

HAZ LA PRUEBA

Un bote salvavidas no zozobra volcándose, porque casi todo su peso está bajo el agua. Verifica el porqué de esto clavando dos clavos al extremo de un corcho. Échalo al agua y observa cuál es el lado que flota. Intenta hacer que se voltee.
¿Qué sucede?

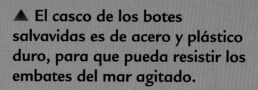

▲ El casco de los botes salvavidas es de acero y plástico duro, para que pueda resistir los embates del mar agitado.

▼ El portaaviones es un buque de guerra que **carga** hasta 90 aviones.

Cuando es preciso, los aviones se llevan a la **cubierta** *superior.*

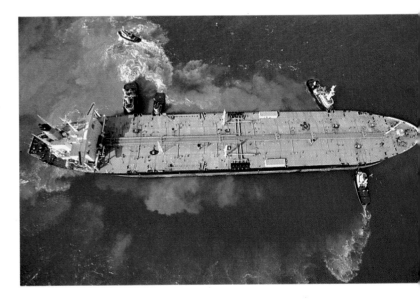

Los aviones aterrizan y despegan sobre una pista en la **cubierta** *plana.*

¡Emergencia!

Si un barco peligra, la **tripulación** llama a un barco salvavidas. Éstos, en las tormentas, escoltan a los barcos y ponen a pasajeros y **tripulación** a salvo. También rescatan a nadadores en peligro. Los barcos bomba combaten incendios bombeando agua de mar con potentes mangueras.

Remolcadores

Son barcos pequeños con un potente **motor** que ayudan a los buques grandes a desplazarse. Entre varios juntos ayudan a maniobrar para que un barco atraque en un espacio reducido en un **puerto**. Algunos cargan equipo contra incendios, y otros limpian las manchas de petróleo en el mar.

▲ Un buque petrolero puede necesitar hasta cinco remolcadores para dar vuelta.

Rincón Bilingüe

buque de guerra · warship · *uár-ship*
corcho · cork · *cork*
marina · navy · *néivi*
portaaviones · aircraft carriers · *ércraft cáriers*
remolcador · tugboat · *tog-bóut*
tormenta · storm · *storm*

¿Qué trabajo realizan los **remolcadores**?
Los **portaaviones** son aeropuertos flotantes.
¿Has visto alguna vez un **buque de guerra**?

Viaje submarino

Los submarinos y los sumergibles descienden a gran profundidad en el mar. Los primeros son buques de guerra y algunos permanecen meses bajo el agua. Los sumergibles descienden a mucha más profundidad, aunque sólo por unas horas, y se usan para estudiar el fondo marino o buscar restos de barcos hundidos.

Sumergibles

Es muy peligroso para las personas nadar en las profundidades oceánicas, de modo que los científicos usan el sumergible. Uno llamado *Alvin*, con una **tripulación** de tres personas, tiene reflectores y cámaras para explorar en la oscuridad y registrar sus hallazgos; se usó para explorar los restos del *Titanic*.

▼ El *Alvin* desciende a casi 4,500 metros.

*La **tripulación** observa el mundo submarino a través de las portillas.*

Un brazo-robot levanta objetos.

Se recogen muestras en botellas y se almacenan en la cesta.

28

Espectáculos submarinos

El hermoso arrecife de coral de la Gran Barrera, frente a la costa de Australia, puede recorrerse en un sumergible; desde éste se puede admirar el colorido de la fauna y flora marinas.

HAZ LA PRUEBA

Fabrica un submarino. Pega con cinta adhesiva varias monedas en uno de los lados de una botella de plástico. Llénala de agua y sumérgela en una vasija o tanque de agua. Verás cómo se hunde. Ahora inyéctale aire con una manguera delgada. Tu submarino sube.

Cómo se sumerge un submarino

El submarino tiene tanques a los lados en el casco; cuando se llenan de aire, el submarino flota sobre la superficie. Para hundirse, los tanques se abren dejando que el agua entre. El submarino, así, pesa más y se hunde. Para ascender de nuevo, se bombea aire a los tanques, haciendo salir el agua de ellos, de modo que el submarino pesa menos otra vez.

aire

Al llenarse los tanques de agua el submarino se hunde.

Con las hélices el sumergible sube, desciende, retrocede y avanza.

Rincón Bilingüe

arrecife · reef · *rif*
hélice · propeller · *propéler*
hora · hour · *áuer*
submarino · submarine · *sóbmarin*
sumergible · submersible · *sobmérsibl*

muestras · samples · *sampls*
reflector · reflector · *rifléctor*
tanque · tank · *tank*

¿Cómo se recogen **muestras** en las aguas muy profundas?
¿Qué es un **submarino**? ¿Y un **sumergible**?

Curiosidades

● El barco más antiguo que se conoce es una canoa, hecha de un tronco vaciado. Fue hallada en un pólder en Holanda y tiene más de 8,000 años.

☆ *El primer faro fue el Faro de Alejandría. Se construyó en Egipto hace unos 2,000 años y era tan alto como un rascacielos. Una antorcha ardía en su punta.*

● Los marineros tienen un nombre para los dos costados del barco. Mirando al frente del barco, el lado izquierdo se llama babor y el derecho estribor.

☆ *Mucho antes de que Cristóbal Colón cruzara el Atlántico, los vikingos llegaron a Norteamérica. Se han hallado restos de utensilios que demuestran que estuvieron ahí 500 años antes que Colón.*

● En 1961, el buque de guerra sueco *Vasa* se extrajo del fondo del mar. Se había hundido hacía 333 años.

☆ *El primer submarino del mundo se construyó en 1624. Era de madera cubierta de cuero y lo impulsaban 12 hombres que remaban a través de agujeros.*

● El clíper fue el primer buque de **carga** movido por **velas**. Extendidas, éstas cubrían una superficie mayor que las de cualquier otro velero.

☆ *En 1845, dos buques de vapor idénticos, uno con hélice y el otro con rueda de paletas, compitieron para ver cuál era más potente. El de hélice ganó sin esfuerzo.*

● En 1934, el lujoso crucero *Queen Mary* hizo su primer viaje. Sus enormes calderas de acero quemaban más de 1,000 toneladas de petróleo al día.

☆ *En 1960, un batiscafo —cierto tipo de sumergible— descendió a 10,911 metros, al punto más hondo del océano: la Fosa de las Marianas, en el Pacífico.*

Glosario

ancla Gancho de metal amarrado a una cadena. Se echa al agua para sujetar el barco.

barcaza Barco de base plana que sirve para transportar carga pesada por ríos y canales.

carga Mercancía transportada por un barco.

casco Parte principal de un barco que queda dentro del agua.

cubierta Piso o nivel de un barco. Los grandes cruceros tienen varias.

escollo Algo que es causa de peligro.

flota Un grupo de embarcaciones.

marina La flota de barcos de guerra de un país.

mástil Palo alto de un barco que sujeta una o más velas.

motor Máquina que transforma la energía en movimiento.

muelle Zona de un puerto donde los barcos cargan y descargan.

popa Parte trasera de un barco.

proa El frente de un barco.

puente Parte de un barco donde está el timón.

puerto Ciudad o zona donde atracan barcos.

radar Equipo usado para detectar la presencia y posición de tierra, tormentas u otros barcos.

remo Pala de madera con que se impulsa un barco.

transbordador Barco que transporta vehículos. En algunos, los vehículos entran por un extremo y salen por el otro.

tripulación Personal que trabaja en un barco.

vehículo Máquina tal como un auto o un camión que transporta personas y mercancías.

vela Pieza grande de tela o lona unida al mástil. El viento sopla contra ella y hace que el barco se mueva.

Índice

Editado en 1998 por
C. D. Stampley Enterprises, Inc.
Charlotte, NC, USA
Edición española
© C. D. Stampley Ent., Inc. 1998

Primera edición en inglés por
© Two-Can Publishing Ltd., 1998

Texto: Chris Oxlade
Asesores: Simon Stephens
y Jane Dewey
Arte: Mark Peppé, Teri Gower,
Stuart Trotter, Gareth Dobson,
Mel Pickering

Director editorial: Robert Sved
Director arte: Carole Orbell
Producción: Adam Wilde
Investigación en fotografía:
Laura Cartwright
Investigación adicional: Inga Phipps

Traducción al español:
María Teresa Sanz

ISBN: 1-58087-008-2

Créditos fotográficos: Cubierta:
Tony Stone; p4: Pictor; p8/9:
Colorific; p9(sd): Zefa; p10: Tony
Stone; p11: Tony Stone; p13: Pictor;
p14: Pictures; p15: Britsock-IFA;
p16: The Image Bank; p17: Stock
Boston; p19: Pictures; p22(i): Robert
Harding Picture Library; p22/23:
Pictor; p24/25: Images Colour
Library; p26: Rick Tomlinson;
p27: Zefa.